团 体 标 准

城市轨道交通企业培训师
能力标准与评价规范

Standards and Evaluation Specifications for the Ability of
Enterprise Trainers in Urban Rail Transit Industry

T/CAMET 30024—2023
T/CAMET 30025—2023
T/CAMET 30026—2023

主编单位:中国城市轨道交通协会
发布单位:中国城市轨道交通协会
实施日期:2023年7月1日

人民交通出版社股份有限公司
北　京

图书在版编目(CIP)数据

城市轨道交通企业培训师能力标准与评价规范/中国城市轨道交通协会主编.—北京:人民交通出版社股份有限公司,2024.1

ISBN 978-7-114-19237-1

Ⅰ.①城… Ⅱ.①中… Ⅲ.①城市铁路—交通运输企业—企业管理—职工培训—标准—中国 Ⅳ.①F532.6-65

中国国家版本馆 CIP 数据核字(2023)第 241205 号

标准类型：	团体标准
	Chengshi Guidao Jiaotong Qiye Peixunshi Nengli Biaozhun yu Pingjia Guifan
标准名称：	城市轨道交通企业培训师能力标准与评价规范
标准编号：	T/CAMET 30024—2023
	T/CAMET 30025—2023
	T/CAMET 30026—2023
著 作 者：	中国城市轨道交通协会
责任编辑：	袁 方
责任校对：	赵媛媛 魏佳宁
责任印制：	刘高彤
出版发行：	人民交通出版社股份有限公司
地 址：	(100011)北京市朝阳区安定门外外馆斜街 3 号
网 址：	http://www.ccpcl.com.cn
销售电话：	(010)59757973
总 经 销：	人民交通出版社股份有限公司发行部
经 销：	各地新华书店
印 刷：	北京市密东印刷有限公司
开 本：	880×1230 1/32
印 张：	3.875
字 数：	72 千
版 次：	2024 年 1 月 第 1 版
印 次：	2024 年 1 月 第 1 次印刷
书 号：	ISBN 978-7-114-19237-1
定 价：	52.00 元

(有印刷、装订质量问题的图书,由本公司负责调换)

中国城市轨道交通协会

中城轨〔2023〕22 号

关于批准发布《城市轨道交通企业培训师能力标准与评价规范》团体标准的公告

经中国城市轨道交通协会 2023 年 4 月 10 日办公会（2023 年第 4 期，总第 169 期）批准，发布《城市轨道交通企业培训师能力标准与评价规范》人才培养团体标准，现予以公布。标准编号：

《城市轨道交通企业培训师职业技能标准》（T/CAMET 30024—2023）；

《城市轨道交通企业培训师培训标准》（T/CAMET 30025—2023）；

《城市轨道交通企业培训师鉴定标准》（T/CAMET 30026—2023）。

实施日期为 2023 年 7 月 1 日。

中国城市轨道交通协会
2023 年 4 月 17 日

《城市轨道交通企业培训师能力标准与评价规范》编写委员会

主　　任：包叙定

副 主 任：周晓勤　宋敏华　王雁平　张　军　潘海刚
　　　　　丁建隆　宋　扬　王晓辉　金　铭　万先逵
　　　　　李　政　刘追明　张　君　王文格

委　　员：詹惠敏　周泽岩　朱　军　侯惠芬　李　运

编写人员：刘　菲　邵澎涛　马艳丽　朱　穆　王　刚
　　　　　王欣然　高健波　吴　云　姚汝龙　程柳青
　　　　　付向炜　付　磊　刘志超　刘晓妮　韩小平
　　　　　庄杰靖　褚福磊　张风琴　付旭东　朱菊香
　　　　　李永菲　赵祎婷　朱瑞琪　陈湘怡　徐　晨
　　　　　付　霞　陈　丹

评审人员：孙景冬　朱　波　刘　丹　孙湛博　李绍斌
　　　　　刘继斌　夏世鸣　姚海玲　于亚军　董　彦

编写单位：无锡地铁集团有限公司
　　　　　北京京港地铁有限公司
　　　　　苏州高新有轨电车集团有限公司
　　　　　西安市轨道交通集团有限公司
　　　　　青岛地铁集团有限公司
　　　　　大连公共交通建设投资集团有限公司
　　　　　南昌轨道交通集团有限公司
　　　　　广州地铁集团有限公司

苏州市轨道交通集团有限公司
厦门地铁运营有限公司
深圳市地铁集团有限公司
无锡学院
无锡汽车工程高等职业技术学校
山东职业学院
首都经济贸易大学
北京恒诺尚辰科技有限公司

评审单位：南京地铁集团有限公司
成都轨道交通集团有限公司
北京市地铁运营有限公司
北京交通大学
西南交通大学
中国中车股份有限公司
大连公共交通建设投资集团有限公司
宁波市轨道交通集团有限公司
无锡地铁集团有限公司
苏州市轨道交通集团有限公司

《城市轨道交通企业培训师能力标准与评价规范》编制说明

为满足我国城轨交通快速发展对职业教育、培训和职业技能鉴定评价的迫切需要，根据中国城市轨道交通协会《城市轨道交通"十四五"人才培养规划》的安排，协会组织有关专家编制了《城市轨道交通企业培训师能力标准与评价规范》（以下简称《规范》），包括《城市轨道交通企业培训师职业技能标准》《城市轨道交通企业培训师培训标准》《城市轨道交通企业培训师鉴定标准》。

一、指导思想

《规范》依据《企业培训师国家职业标准》《职业培训师国家职业技能标准》《国家职业技能标准编制技术规程》，落实《国家标准化发展纲要》，参考其他行业企业培训师能力标准与评价规范等相关内容，以客观反映现阶段该职业的水平和对从业人员的要求为目标，对该职业概况、工作内容、技能要求和知识水平做了明确规定。

二、编制原则

1. 整体性原则。《规范》反映了当前城市轨道交通相关职业在我国的整体状况和水平，并兼顾城轨企业、城轨院校可能存在的差异。

2. 规范性原则。《规范》的术语保持一致，同一概念使用同一个术语，文字描述简洁明确无歧义，能被理解，所用技术术语与文字符号符合国家最新相关技术标准。

3.实用性原则。《规范》体现对其人员理论知识和操作技能的要求,基于城市轨道交通现状与未来发展。《规范》内容具体、可度量、可检验,便于实施。

三、编制过程

2021年以来,协会依托骨干会员单位,并邀请有条件、有积极性的会员单位共同参与组成工作组,开展《规范》的研究与编写。

2021年12月—2022年1月,工作组研讨并确定了《规范》整体框架,初步形成《城市轨道交通企业培训师职业技能标准》的内容大纲、章节和阶段性任务,形成讨论稿。

2022年4—6月,形成《城市轨道交通企业培训师培训标准、鉴定标准》框架稿,经两个分组内部预审、初审,两轮审查修改形成讨论稿。

2022年7—12月,《规范》(讨论稿)在一定范围征求意见,并应用于典型企业实验班,以课程形式验证落地情况。

2023年2—3月,召开两轮专家评审会。2023年4月,《规范》纳入协会团体标准体系并颁布实施。

借此机会,感谢无锡地铁集团有限公司、北京京港地铁有限公司、苏州高新有轨电车集团有限公司、西安市轨道交通集团有限公司、青岛地铁集团有限公司、大连公共交通建设投资集团有限公司、南昌轨道交通集团有限公司、广州地铁集团有限公司、苏州市轨道交通集团有限公司、厦门地铁运营有限公司、深圳市地铁集团有限公司、无锡学院、无锡汽车工程高等职业技术学校、山东职业学院、首都经济贸易大学、北京恒诺尚辰科技有限公司等所有参编单位,感谢参与调研评审的企业、院校、培训机构的专家,希望未来能有更多的单位和个人参与协会团体标准的开发工作。

《规范》使用过程中,如发现需要探讨及补充之处,请将意见建议反馈至中国城市轨道交通协会(周泽岩:010-83935741,邮箱:zhouzeyan0101@163.com)或与人民交通出版社股份有限公司(袁方:010-85285980,邮箱:yf@ccpress.com.cn)联系,供今后修订时参考。

总 目 录

城市轨道交通企业培训师职业技能标准 …………… 1
    1 职业概况 ………………………………………… 5
    2 基本要求 ………………………………………… 9
    3 工作要求 ………………………………………… 11
    4 权重表 …………………………………………… 32

城市轨道交通企业培训师培训标准 ………………… 35
    第1部分：三级/初级企业培训师…………………… 39
        1 编制说明 ……………………………………… 39
        2 基本情况 ……………………………………… 39
        3 培训方案 ……………………………………… 40
    第2部分：二级/中级企业培训师…………………… 50
        1 编制说明 ……………………………………… 50
        2 基本情况 ……………………………………… 50
        3 培训方案 ……………………………………… 51
    第3部分：一级/高级企业培训师…………………… 62
        1 编制说明 ……………………………………… 62
        2 基本情况 ……………………………………… 62
        3 培训方案 ……………………………………… 63

城市轨道交通企业培训师鉴定标准 ………………… 75
    1 鉴定对象 ………………………………………… 79

2 鉴定方式 …………………………………………… 79
3 鉴定方案 …………………………………………… 80
4 考评权重…………………………………………… 104

团 体 标 准

T/CAMET 30024—2023

城市轨道交通企业培训师职业技能标准

2023-04-10 发布　　　　　　　　　　　　2023-07-01 实施

中国城市轨道交通协会　发布

目 录

1 职业概况 ………………………………………… 5
2 基本要求 ………………………………………… 9
3 工作要求 ………………………………………… 11
4 权重表 …………………………………………… 32

城市轨道交通企业培训师职业技能标准

1 职业概况

1.1 职业名称

城市轨道交通企业培训师。

1.2 职业定义

在城市轨道交通企业中,为实现企业发展战略、服务人才培养,从事培训项目和教学资源开发,制订和实施培训计划,进行培训教学和培训咨询活动的人员。

1.3 职业等级

本职业共设三个等级,分别为三级/初级企业培训师、二级/中级企业培训师、一级/高级企业培训师。

1.4 职业环境条件

室内、室外,常温,线上、线下。

1.5 职业能力特征

具有一定的理论知识、学习能力、表达能力、沟通协调能力、综合分析能力等。

1.6 普通受教育程度

中专毕业或同等学力。

1.7 培训要求

1.7.1 培训学时

三级/初级企业培训师60标准学时；二级/中级企业培训师50标准学时；一级/高级企业培训师30标准学时。培训学时可以根据实际情况灵活安排，线上或线下培训。其中，线下培训学时按照各等级总学时的50%左右灵活安排。

1.7.2 培训教师

三级/初级企业培训师的培训教师应具有城市轨道交通企业培训师职业资格证书或具有中级以上专业技术职务任职资格。

二级/中级企业培训师的培训教师应具有城市轨道交通企业培训师高级职业资格证书或具有高级以上专业技术职务任职资格。

一级/高级企业培训师的培训教师应具有城市轨道交通企业培训师高级职业资格证书2年以上或具有技师以上专业技术职务任职资格。

1.7.3 培训场地设备

具有满足培训需要的标准教室和具有培训师业务相关的多媒体教学设备模拟场所。

1.8 职业技能鉴定要求

1.8.1 申报条件

——具备以下条件之一者，可申报三级/初级企业培训师：

(1)具有大学专科文化程度或同等学力，2年及以上工作经验。

(2)具有大学本科及以上文化程度或同等学力。

(3)取得中级工职业资格证书或职业技能等级证书，累计从事本职业或相关职业工作2年(含)以上。

——具备以下条件者之一，可申报二级/中级企业培训师：

(1)具有大学专科文化程度或同等学力，3年及以上工作经验。

(2)具有大学本科文化程度或同等学力，2年及以上工作经验。

(3)具有硕士研究生及以上文化程度。

(4)取得高级工职业资格证书或职业技能等级证书，累计从事本职业或相关职业工作2年(含)以上。

(5)取得三级/初级企业培训师资格证书，连续从事本职业工作1年及以上。

——具备以下条件者之一，可申报一级/高级企业培训师：

(1)具有大学专科文化程度或同等学力，5年及以上工作经验。

(2)具有大学本科文化程度或同等学力，3年及以上工作经验。

(3)具有硕士研究生文化程度或同等学力，1年及以上工作经验。

(4)具有博士研究生及以上文化程度。

(5)取得技师职业资格证书或职业技能等级证书,累计从事本职业或相关职业工作2年(含)以上。

(6)取得二级/中级企业培训师资格证书,连续从事本职业工作3年及以上。

1.8.2 鉴定方式

职业技能鉴定分为理论知识考试、专业技能考核以及综合评审。理论知识考试采取闭卷笔试,以机考为主,主要考核从业人员从事本职业应掌握的基本要求和相关知识。专业技能考核主要采用现场教学、模拟操作教学等方式进行,主要考核从事本职业应具备的教学技术水平。理论知识考试、专业技能考核均实行百分制,成绩均达到60分(含)以上者为合格。

综合评审主要针对二级/中级企业培训师和一级/高级企业培训师,采取审阅材料(如申报课题等)、答辩等方式进行全面评议和审查。二级/中级企业培训师成绩达60分(含)以上者为合格,一级/高级企业培训师成绩达70分(含)以上者为合格。

1.8.3 监考人员、考评人员与考生配比

理论知识考试监考人员与考生的配比应不低于1∶15,每个考场不少于2名监考人员(机考配比应根据考试机位数量,参照笔试配比要求,合理确定考评员人数);专业技能考核考评人员与考生配比应不低于1∶8,且考评人员不少于3名(含)以上单数;综合评审委员为3人(含)以

上单数。

1.8.4 鉴定时间

理论知识考试时间不少于60分钟,专业技能考核时间不少于25分钟,综合评审时间不少于15分钟。

1.8.5 鉴定场所设备

理论知识考试场所为标准教室、电子计算机教室或智能考核系统。专业技能考核在具有相应考试设施(如多媒体培训设备、实操培训设施等)的模拟课堂现场进行。综合评审一般在标准教室或会议室进行。评审场所应配备必要的照明设备、计算机、投影仪等多媒体设备,室内卫生、光线和通风条件良好。

以上场所需配备视频监控系统。

2 基本要求

2.1 职业道德

2.1.1 职业道德基本知识

(略)

2.1.2 职业守则

(1)立德树人,言行文明。

(2)为人师表,诚实待人。

(3)遵纪守法,爱岗敬业。

(4)以人为本,开拓创新。

(5)开拓进取,乐于奉献。

2.2 基础知识

2.2.1 人力资源开发基本知识

（1）人力资源开发基本理论。

（2）人力资源开发与人力资本基础知识。

（3）人力资源开发与人力资源市场供求常识。

2.2.2 职业教育基本常识

（1）职业教育基本知识。

（2）职业教育心理学。

（3）成人教育培训的心理特征。

2.2.3 多媒体、网络技术等现代化教学知识

（1）计算机网络操作的基本方法。

（2）教学辅助设备的性能及使用方法。

（3）制作视频、音频课程、教材的基本知识。

2.2.4 城市轨道交通行业基本知识

（1）城市轨道交通概述。

（2）城市轨道交通发展前沿技术相关知识。

（3）城市轨道交通项目建设流程。

（4）城市轨道交通运营管理。

2.2.5 技能人才评价基本知识

（1）技能人才评价基本理论与政策。

（2）技能人才评价管理体制机制。

（3）技能人才评价方式。

（4）城市轨道交通行业技能人才概况。

2.2.6 相关法律、法规等知识

(1)《中华人民共和国劳动法》相关知识。

(2)《中华人民共和国职业教育法》相关知识。

(3)《中华人民共和国民法典》相关知识。

(4)《中华人民共和国职业分类大典》相关知识。

(5)《国家职业技能标准编制技术规程》相关知识。

(6)《中华人民共和国消防法》相关知识。

(7)《中华人民共和国安全生产法》相关知识。

(8)《企业培训师国家职业标准》相关知识。

(9)《职业培训师国家职业技能标准》(GZB 4-07-03-05)相关知识。

(10)城市轨道交通管理制度、办法、条例和规定。

3 工作要求

本标准对三级/初级企业培训师、二级/中级企业培训师、一级/高级企业培训师的技能要求和相关知识要求依次递进,高级别涵盖低级别的要求。

3.1 三级/初级企业培训师

三级/初级企业培训师的职业功能、工作内容、技能要求和相关知识要求如表1所示。

3.2 二级/中级企业培训师

二级/中级企业培训师的职业功能、工作内容、技能要求和相关知识要求如表2所示。

表1 三级/初级企业培训师的职业功能、工作内容、技能要求和相关知识要求表

职业功能	工作内容	技能要求	相关知识要求
1 培训项目开发	1.1 培训需求调研	1.1.1 能根据培训项目开发目标收集岗位需求信息 1.1.2 能根据职业岗位需求设计培训需求调查表 1.1.3 能运用多种调查方法开展培训需求调查 1.1.4 能对培训需求调查结果进行汇总整理、建立台账并撰写相关调查报告	1.1.1 培训项目的含义与分类,相关信息收集的基本方法 1.1.2 各类培训需求调查设计的方法 1.1.3 培训需求调查开展的方法
	1.2 培训课程开发	1.2.1 能收集整理课程开发资料并做好分类等基础工作 1.2.2 能根据培训项目实施方案并运用课程开发基本原理确定课程类型	1.2.1 培训课程构成要素及开发的基本知识与方法 1.2.2 培训项目实施方案和课程类型的有关知识 1.2.3 课程开发流程,制订培训课程开发计划的方法

续上表

职业功能	工作内容	技能要求	相关知识要求
1 培训项目开发	1.2 培训课程开发	1.2.3 能根据课程开发流程制订课程开发计划并承担部分课程开发任务 1.2.4 能制作课件等相应教学材料,编写课后练习等学习资料	1.2.4 教学课件制作方法与工具及单一培训教材(课件)开发的技术方法
	1.3 培训资源开发	1.3.1 能收集培训资源开发的相关资料 1.3.2 能根据培训项目要求选用配套教材 1.3.3 能根据培训内容及对象情况设计考试题目	1.3.1 培训教材含义、类型及其特点 1.3.2 培训教材开发基础性工作内容及相关资料的基本知识 1.3.3 开发和选用培训教材应遵循的原则和注意事项 1.3.4 考题开发的原理及方法

13

续上表

职业功能	工作内容	技能要求	相关知识要求
2 培训教学组织	2.1 培训教学准备	2.1.1 能根据培训教学实施方案要求做好开班前的教学资源组织准备工作 2.1.2 能运用2~3种测评工具对学员素质进行测评并做好学员班务等的组织管理 2.1.3 能根据培训项目要求完成个人课前教案准备工作	2.1.1 培训教学的组织形式、培训资源准备 2.1.2 培训学员素质测评的工具和方法 2.1.3 个人培训前教案(课件)的制作方法,培训教学过程中应注意的事项
	2.2 培训教学实施	2.2.1 能根据培训项目要求起草教学实施方案 2.2.2 能做好培训教学开场和结尾工作,并运用相应的技巧进行教学 2.2.3 能运用恰当的语言表达技巧进行教学	2.2.1 培训教学实施方案的内容和要求 2.2.2 培训教学基本能力和基本的教学技术方法 2.2.3 常见的培训教学技术和展示方法

T/CAMET 30024—2023

续上表

职业功能	工作内容	技能要求	相关知识要求
2 培训教学组织	2.2 培训教学实施	2.2.4 能够合理运用课件实施各项教学活动	2.2.4 运用多媒体技术开展教学活动的方法
	2.3 实操教学辅助	2.3.1 能根据实操教学方案做好实操教学开班前准备和开班后班务管理等辅助工作 2.3.2 能根据实操教学需要做好实操场地、设备设施的布置工作 2.3.3 能辅助开展基础性实操教学工作	2.3.1 实操教学开班前准备和开班后班务管理的方法 2.3.2 实操教学法场地、设备设施的布置要求 2.3.3 基础性实操教学内容与方式
3 培训教学管理	3.1 培训教学质量管理	3.1.1 能根据培训教学质量管理方案督促和引导学员全程参与各种培训教学活动	3.1.1 培训教学管理含义与培训前、中、后全程管理的主要原则、方法及特点 3.1.2 培训教学管理的主要制度和管理对象

15

续上表

职业功能	工作内容	技能要求	相关知识要求
3 培训教学管理	3.1 培训教学质量管理	3.1.2 能制定教学管理制度并落实管理责任制,对培训全过程、课堂教学和培训纪律进行规范化管理 3.1.3 能及时收集培训教学质量管理数据资料,并做好记录、整理、录入存储和传递使用工作	3.1.3 培训教学质量管理数据资料的收集、整理、录入和使用的方法
	3.2 培训教学评估管理	3.2.1 能制订培训教学评估方案并负责实施 3.2.2 能依据评估目的通过多种途径收集相关信息资料 3.2.3 能组织学员参加培训考核评价 3.2.4 能做好评估资料归档保存工作	3.2.1 制订培训教学评估方案的基本原则、具体内容和实施办法 3.2.2 培训教学评估收集相关信息的方法 3.2.3 组织学员参加培训考核评价

续上表

职业功能	工作内容	技能要求	相关知识要求
3 培训教学管理	3.3 培训教学绩效管理	3.3.1 能根据培训绩效管理要求收集、记录相关的信息资料并录入资料库 3.3.2 能运用多种方法对学员学习绩效进行评估并做初步分析和提出建议 3.3.3 能根据不同的培训项目设计绩效管理调查问卷并对调查结果进行分析与反馈	3.3.1 培训教学绩效管理的基本要求 3.3.2 培训教学绩效评估的基本原则和方法 3.3.3 教学评估问卷结果汇总整理的工具与方法

表 2　二级/中级企业培训师的职业功能、工作内容、技能要求和相关知识要求表

职业功能	工作内容	技能要求	相关知识要求
1 培训项目开发	1.1 培训需求分析	1.1.1 能根据培训项目要求制订开发计划和指导设计培训需求调查表并组织调查	1.1.1 培训项目开发含义和构成要素及项目开发计划内容、方法与工具

17

续上表

职业功能	工作内容	技能要求	相关知识要求
1 培训项目开发	1.1 培训需求分析	1.1.2 能运用培训需求分析方法进行分析,并撰写培训需求调查分析报告 1.1.3 能根据需求分析结果确定培训目标与设计培训教学方案	1.1.2 培训需求调查分析报告撰写的相关知识 1.1.3 培训教学方案的主要内容
	1.2 培训课程开发	1.2.1 能根据培训目标构建培训课程体系 1.2.2 能根据课程体系内容制订课程开发计划 1.2.3 掌握经验萃取的知识和方法,并运用其方法完成课程相关知识的提炼与总结 1.2.4 能根据课程标准组织实施培训课程开发	1.2.1 培训课程构成要素、培训课程体系的含义和构建方法 1.2.2 培训项目与课程开发、教学方案的相互关系及制订课程开发计划的有关知识 1.2.3 经验萃取的方法和内容 1.2.4 实施培训课程开发计划应注意的问题

续上表

职业功能	工作内容	技能要求	相关知识要求
1 培训项目开发	1.3 培训资源开发	1.3.1 能根据培训课程、对象和目标要求制订教材开发计划和确定内容框架 1.3.2 能依据教材开发原则和内容框架指导编写教材提纲 1.3.3 能根据教材大纲选择和培训教材编写人员，并组织编写教材 1.3.4 能指导初级培训师完成考试题目编写 1.3.5 能制作课件、微课视频等相应教学材料，编写课后练习等学习资料	1.3.1 制订培训教材开发计划及组织实施的方法 1.3.2 培训教材开发与选材的原则 1.3.3 培训教材开发步骤与方法 1.3.4 课件、微课制作应注意的问题 1.3.5 考题开发的原理及方法
	1.4 建设实操项目	1.4.1 能组织开展实操设备设施建设开发需求调研、分析，并参与编写项目可行性研究方案	1.4.1 实操项目需求调研的方法

续上表

职业功能	工作内容	技能要求	相关知识要求
1 培训项目开发	1.4 建设实操项目	1.4.2 能在项目建设过程中跟踪管理,并在项目实施过程中协助进行质量管控 1.4.3 能配合项目验收,开展建设转运行工作 1.4.4 能初步设计实操项目方案,并保证项目顺利实施	1.4.2 实操项目组织实施的方法 1.4.3 实操带教的基本要求 1.4.4 实操设备设施配置数量、规格相关知识
2 培训教学组织	2.1 教学资源配置	2.1.1 能根据学员素质测评结果编制培训教学实施方案 2.1.2 能根据不同培训项目要求对教学资源进行优化配置 2.1.3 能制订培训应急预案并及时解决教学资源短缺问题	2.1.1 培训教学实施方案的主要内容 2.1.2 培训教学资源配置原则及要求 2.1.3 培训教学资源配置过程中的常见问题及应急处理方法

续上表

职业功能	工作内容	技能要求	相关知识要求
2 培训教学组织	2.1 教学资源配置	2.1.4 能指导建立培训师资资源库并选择、推荐适合的培训师	2.1.4 培训师资队伍培养和师资资源库建设的方法
	2.2 培训教学实施	2.2.1 能组织制订培训教学实施方案并制作各种课件 2.2.2 能运用语言与非语言表达技巧等多种教学技术方法进行教学 2.2.3 能系统设计教学活动以塑造专业培训师职业形象 2.2.4 能及时解决培训过程中出现的问题并加以改进	2.2.1 培训教学实施方案内容和实施办法 2.2.2 语言与非语言表达技巧等多种常用的教学技术方法 2.2.3 培训教学活动的主要形式、特点及教师形象 2.2.4 培训过程中应注意的事项
	2.3 实操教学指导	2.3.1 能制订实操教学方案并指导学员布置实操场地和相关设备设施	2.3.1 技能培训实操教学方案的有关知识和场地设备安排方法

21

续上表

职业功能	工作内容	技能要求	相关知识要求
2 培训教学组织	2.3 实操教学指导	2.3.2 能根据培训项目要求和学员实际,选择适合的实操教学模式 2.3.3 能运用多种教学方法指导学员解决实操教学中的问题	2.3.2 常见的实操教学模式、特点和不同培训项目对实操教学的要求 2.3.3 解决实操教学过程中常见问题的方法
3 培训教学管理	3.1 培训教学质量管理	3.1.1 能根据培训工作流程组织制订培训教学质量管理方案并督促实施 3.1.2 能组织制定各项教学质量管理标准和制度等文件 3.1.3 能提出开发培训教学全过程数字化信息管理系统的功能需求,并组织开发工作 3.1.4 审核教学资源信息录入情况	3.1.1 培训教学质量管理方案内容与实施步骤的相关知识 3.1.2 培训教学质量管理标准和制度文件的有关知识 3.1.3 培训教学全过程数字化信息管理平台的开发方法

续上表

职业功能	工作内容	技能要求	相关知识要求
3 培训教学管理	3.2 培训教学评估管理	3.2.1 能组织制订和提交培训教学评估方案并指导实施 3.2.2 能建立培训教学评估模型 3.2.3 能组织实施教师教学和学员学习情况评估，撰写评估报告 3.2.4 能组织考评人员做好学员成果考核与技能等级评价工作	3.2.1 培训教学结果的评估方案内容与评估方法 3.2.2 常见的培训教学结果评估模型 3.2.3 培训教学评估的主要对象和评估报告撰写方法 3.2.4 学员培训结果考核方法 3.2.5 技能等级评价政策和业务流程
	3.3 培训教学绩效管理	3.3.1 能根据培训绩效评估模型制订培训绩效管理方案和制度并组织实施 3.3.2 能根据培训目标运用多种方法对学员学习效果和教师教学效果进行评估	3.3.1 制订培训教学绩效管理方案应遵循的原则 3.3.2 培训教学绩效管理内容、评估模型和评估对象的有关知识

续上表

职业功能	工作内容	技能要求	相关知识要求
3 培训教学绩效管理	3.3 培训教学绩效管理	3.3.3 能组织撰写培训教学绩效评估管理情况报告并提出改进方法	3.3.3 培训教学绩效评估管理情况报告的主要内容和写作方法
4 培训咨询服务	4.1 培训师专业发展指导	4.1.1 能指导企业培训师解决其在培训工作中遇到的问题 4.1.2 能对培训师职业形象进行准确分析,指导培养良好的职业形象 4.1.3 能指导企业培训师运用知识管理网络平台和工具做好知识收集、分析、分类、迁移、创新等知识管理工作	4.1.1 培训师素质测评与个性特征分析 4.1.2 培训师良好职业形象的修炼途径和方法 4.1.3 培训师人格魅力的基本特征及修炼重点 4.1.4 知识管理的含义、作用、分类与管理、使用方法

3.3 一级/高级企业培训师

一级/高级企业培训师的职业功能、工作内容、技能要求和相关知识要求如表3所示。

表3 一级/高级企业培训师的职业功能、工作内容、技能要求和相关知识要求表

职业功能	工作内容	技能要求	相关知识要求
1 培训项目开发	1.1 培训需求预测	1.1.1 能根据企业培训需求情况进行预测 1.1.2 能运用培训项目开发模型对培训需求进行综合分析、预测、策划,确定新的培训项目 1.1.3 能指导撰写和审定培训需求分析报告,确定培训项目 1.1.4 能指导制订培训项目实施方案(含立项报告)	1.1.1 国内外职业培训需求预测的原则、模型与方法 1.1.2 审定培训需求调查分析报告的原则与方法 1.1.3 策划和确定培训项目的原则与方法 1.1.4 培训项目实施方案(计划)的内容
	1.2 培训课程开发	1.2.1 能根据课程开发目标和原则,设计与审定培训课程体系 1.2.2 能审定培训课程开发计划并指导组织实施培训课程开发	1.2.1 课程开发的最新理念与方法工具 1.2.2 审定培训课程体系的原则与方法

续上表

职业功能	工作内容	技能要求	相关知识要求
1 培训项目开发	1.2 培训课程开发	1.2.3 能运用培训课程开发原则对培训课程进行预评估	1.2.3 审定培训课程开发计划的原则与方法 1.2.4 培训课程开发预评估注意事项
	1.3 培训资源开发	1.3.1 能指导开发各种类型的培训教材 1.3.2 能审定培训教材和考核考试试题 1.3.3 能开发示范性培训教材 1.3.4 能指导开展培训教材开发人员、试题编写人员培训	1.3.1 培训教材开发的新理念、新技术以及开发原则 1.3.2 审定培训教材的基本原则与方法 1.3.3 示范性培训教材开发的趋势与编写要求
	1.4 建设实操项目	1.4.1 能组织开展实操设备设施建设开发需求调研、分析,并主导编写项目可行性研究方案	1.4.1 实操项目设计方法及要求

续上表

职业功能	工作内容	技能要求	相关知识要求
1 培训项目开发	1.4 建设实操项目	1.4.2 能在项目建设过程中跟踪管理,并在项目实施过程中进行质量管控 1.4.3 做好项目验收,编写项目复盘报告	1.4.2 项目验收要求 1.4.3 项目复盘相关知识
2 培训教学组织	2.1 培训教学规划	2.1.1 能根据培训项目要求指导制定培训教学规划与实施方案 2.1.2 能针对不同基础的学员选择适合的教学模式 2.1.3 能根据培训需求规划和改进培训教学内容 2.1.4 能培养与组建高层次的培训师资队伍	2.1.1 制定培训教学规划的基本原则、方法和要求 2.1.2 培训教学实施方案的主要内容 2.1.3 常见的培训教学模式和教学内容 2.1.4 加强企业培训师资队伍建设的主要措施
	2.2 培训教学创新	2.2.1 能审定培训教学实施方案并督促与指导实施	2.2.1 国内外培训教学技术发展现状与趋势,制订培训教

续上表

职业功能	工作内容	技能要求	相关知识要求
2 培训教学组织	2.2 培训教学创新	2.2.2 能运用多种教学模式进行教学并指导教学模式创新 2.2.3 能根据技术进步情况对培训教学内容与教学技术方法进行研究与创新	学实施方案的相关方法与知识 2.2.2 常见培训教学模式的优缺点和优化方法 2.2.3 培训教学研究的主要方法
	2.3 实操教学设计	2.3.1 能根据培训项目要求设计和选择适合的实操教学模式 2.3.2 能设计实操教学场地及配置相应的设备设施 2.3.3 能运用新技术设计开发实操教学仿真系统和虚拟场景 2.3.4 能设计与运用现代教学模式培养高技能人才	2.3.1 常见的实操教学模式及特点 2.3.2 实操教学场地设计和应注意的问题 2.3.3 实操教学仿真系统和虚拟场景的设计方法与工具 2.3.4 高技能人才培养模式及其教学总结评估的相关知识

续上表

职业功能	工作内容	技能要求	相关知识要求
2 培训教学组织	2.3 实操教学设计	2.3.5 能对实操教学和高技能人才培养活动进行总结评估并完善其培养模式	
3 培训教学管理	3.1 培训教学质量管理	3.1.1 能审定培训教学质量管理工作方案并指导实施 3.1.2 能建立培训教学质量管理体系，规避质量管理的主要问题 3.1.3 能指导开发培训教学质量管理数字化服务平台并运用平台对教学全过程进行有效的管理 3.1.4 能分析质量管理中存在的主要问题，指导撰写培训教学质量管理报告，并提出改进建议	3.1.1 培训教学质量管理内容和工具与方法 3.1.2 培训教学质量管理体系、内容和相关标准要求 3.1.3 运用数字化管理平台对培训教学质量进行管理的要求 3.1.4 培训教学质量管理的注意事项 3.1.5 培训教学质量管理报告内容和写作要求

续上表

职业功能	工作内容	技能要求	相关知识要求
3 培训教学管理	3.2 培训教学评估管理	3.2.1 能依据培训目标审定培训教学评估方案,确定评估对象与步骤 3.2.2 能分解评估目标,建立评估指标体系;选择评估方法 3.2.3 能根据职业标准组织开发培训考核试题,并组织考评人员培训 3.2.4 能审定培训效果评估报告,促进培训成果转化	3.2.1 确定培训教学评估对象和方案的方法 3.2.2 培训教学效果评估的指标体系和评估方法 3.2.3 培训考核命题要求和评估人员培训的有关知识 3.2.4 培训效果评估报告的基本内容
	3.3 培训教学绩效管理	3.3.1 能对学员学习效果、教师教学效果和培训工作效果进行总体评估 3.3.2 能指导设计各种培训绩效评估表或问卷	3.3.1 培训教学绩效管理评估应遵循的基本原则 3.3.2 各种培训教学绩效管理的方法与工具

续上表

职业功能	工作内容	技能要求	相关知识要求
3 培训教学管理	3.3 培训教学绩效管理	3.3.3 能对影响培训教学绩效的问题进行分析评价并提出解决办法 3.3.4 能指导撰写培训教学绩效管理情况总结报告	3.3.3 培训教学绩效管理应注意的主要问题和解决办法 3.3.4 培训教学绩效管理总结报告的内容和写作方法
4 培训咨询服务	4.1 培训师专业发展指导	4.1.1 能指导开发培训项目、课程教材、试题等，并制订开发方案 4.1.2 能指导企业培训师做好培训教学、管理与评估工作，确保培训质量 4.1.3 能提供高技能人才和高层次人才培训咨询服务 4.1.4 能审定培训师人才库建设方案并合理选聘培训师	4.1.1 培训项目开发全流程的相关知识 4.1.2 培训教学、管理与评估等关键环节的相关知识 4.1.3 高技能人才、高层次人才的培养与评价要求 4.1.4 培训师人才库建设方案与选拔使用注意事项

31

T/CAMET 30024—2023

续上表

职业功能	工作内容	技能要求	相关知识要求
4 培训咨询服务	4.1 培训师专业发展指导	4.1.5 能够辅助人力资源搭建完整的基于业务发展的人才培养体系，并根据实际执行情况提出合理的优化建议	

4 权重表

4.1 理论知识

城市轨道交通企业培训师理论知识权重表如表4所示。

表4 城市轨道交通企业培训师理论知识权重表

项目		技能等级		
		三级/初级企业培训师（%）	二级/中级企业培训师（%）	一级/高级企业培训师（%）
基本要求	职业道德	5	5	5
	基础知识	20	15	10
相关知识要求	培训项目开发	15	20	30

32

续上表

项目		技能等级		
		三级/初级 企业培训师 （%）	二级/中级 企业培训师 （%）	一级/高级 企业培训师 （%）
相关 知识 要求	培训教学 组织	35	30	25
	培训教学 管理	25	20	15
	培训咨询 服务	—	10	15
合计		100	100	100

4.2 技能操作

城市轨道交通企业培训师技能操作权重表如表5所示。

表5 城市轨道交通企业培训师技能操作权重表

项目		技能等级		
		三级/初级 企业培训师 （%）	二级/中级 企业培训师 （%）	一级/高级 企业培训师 （%）
相关 知识 要求	培训项目 开发	20	25	35

续上表

项目		技能等级		
		三级/初级 企业培训师 (％)	二级/中级 企业培训师 (％)	一级/高级 企业培训师 (％)
相关 知识 要求	培训教学 组织	75	70	55
	培训教学 管理	5	5	10
	培训咨询 服务	—	—	—
合计		100	100	100

团 体 标 准

T/CAMET 30025—2023

城市轨道交通企业培训师
培训标准

2023-04-10 发布　　　　　　　　　　　　2023-07-01 实施

中国城市轨道交通协会　发布

目 录

第 1 部分：三级/初级企业培训师 ············· 39
    1 编制说明 ························ 39
    2 基本情况 ························ 39
    3 培训方案 ························ 40

第 2 部分：二级/中级企业培训师 ············· 50
    1 编制说明 ························ 50
    2 基本情况 ························ 50
    3 培训方案 ························ 51

第 3 部分：一级/高级企业培训师 ············· 62
    1 编制说明 ························ 62
    2 基本情况 ························ 62
    3 培训方案 ························ 63

T/CAMET 30025—2023

城市轨道交通企业培训师培训标准
第1部分:三级/初级企业培训师

1 编制说明

城市轨道交通企业培训师培训标准(三级/初级企业培训师)是以中国城市轨道交通协会《城市轨道交通企业培训师职业技能标准》(T/CAMET 30024—2023)为依据而制定的,适用于城市轨道交通企业培训师职业的培训。

2 基本情况

2.1 职业名称与等级

城市轨道交通企业培训师(三级/初级企业培训师)。

2.2 职业技能标准

《城市轨道交通企业培训师职业技能标准》(T/CAMET 30024—2023)。

2.3 该等级职业(工种)主要工作任务

城市轨道交通企业培训师(三级/初级企业培训师)主要结合城市轨道交通行业发展需求,完成基础课程开发、培训课程讲授、培训项目实施和学员管理的工作。

3 培训方案

3.1 培训单元1 职业道德

3.1.1 培训主要内容

(1)道德的内涵、特质及功能。

(2)社会主义道德的含义、特征。

(3)职业道德的含义。

(4)职业道德与职业培训的关系。

(5)职业道德在培训中的运用。

(6)职业守则的具体内容。

3.1.2 培训主要方式

理论教学：

(1)采用一般常规课程教学方式,充分利用视频等多媒体教学方法。

(2)根据实际情况将线上培训和线下培训相结合,线下培训占总课时50%左右。

3.1.3 培训安排

(1)培训场所条件:具有满足培训需要的标准教室和具有培训师业务相关的多媒体教学设备模拟场所。

(2)培训时间:理论教学4课时。

(3)培训师资:城市轨道交通企业培训师(三级/初级企业培训师)的培训教师应具有城市轨道交通企业培训师二级/中级职业资格证书或具有中级以上专业技术职

务任职资格。

3.1.4 推荐教材

（1）《城市轨道交通培训师培训统编教材》，中国城市轨道交通协会主编，西南交通大学出版社有限公司出版，2019年。

（2）《城市轨道交通企业培训师培训统编教材》*，中国城市轨道交通协会主编，人民交通出版社股份有限公司出版，2024年。

3.2 培训单元2 基础知识

3.2.1 培训主要内容

3.2.1.1 人力资源开发基本知识

（1）人力资源开发的概念和目标。

（2）人力资源开发的基本特征。

（3）人力资源开发的方法。

3.2.1.2 职业教育基本常识

（1）职业教育的基本概念。

（2）职业教育的主要特征。

（3）职业教育及教育心理学的定义和内涵。

3.2.1.3 多媒体、网络技术等现代化教学知识

（1）多媒体及网络技术的基本概念和性质。

（2）多媒体及网络技术的软硬件开发环境介绍。

（3）多媒体及网络技术课件设计的原则。

---

* 本教材的名称及出版时间待定。

3.2.1.4 城市轨道交通行业基本知识

(1)城市轨道交通的发展历程。

(2)城市轨道交通的规划与建设。

(3)城市轨道交通工程施工。

(4)城市轨道交通各专业知识。

(5)城市轨道交通基本架构。

(6)城市轨道交通运营基本知识。

3.2.1.5 技能人才评价基本知识

(1)技能人才评价的内容和工作程序。

(2)技能人才评价制度和管理制度。

(3)技能人才评价常用的方式。

3.2.1.6 相关法律、法规知识

(1)《中华人民共和国职业教育法》相关知识。

(2)《国家职业技能标准编制技术规程》相关知识。

(3)职业培训管理相关政策。

(4)《中华人民共和国消防法》相关知识。

(5)《中华人民共和国安全生产法》相关知识。

(6)《城市轨道交通运营管理规定》相关知识。

(7)《城市轨道交通运营管理规范》(GB/T 30012—2013)相关知识。

3.2.2 培训主要方式

理论教学：

(1)采用一般常规课程教学方式,充分利用视频等多媒体教学方法。

(2)根据实际情况将线上培训和线下培训相结合,线下培训占总课时50%左右。

3.2.3 培训安排

(1)培训场所条件:具有满足培训需要的标准教室和具有培训师业务相关的多媒体教学设备模拟场所。

(2)培训时间:理论教学20课时。

(3)培训师资:城市轨道交通企业培训师(三级/初级企业培训师)的培训教师应具有城市轨道交通企业培训师二级/中级职业资格证书或具有中级以上专业技术职务任职资格。

3.2.4 推荐教材

(1)《城市轨道交通培训师培训统编教材》,中国城市轨道交通协会主编,西南交通大学出版社有限公司出版,2019年。

(2)《城市轨道交通企业培训师培训统编教材》,中国城市轨道交通协会主编,人民交通出版社股份有限公司出版,2024年。

3.3 培训单元3 培训项目开发

3.3.1 培训主要内容

3.3.1.1 培训需求调研

(1)培训项目的含义与分类。

(2)需求调研的含义和价值。

(3)培训需求调研设计的方法。

T/CAMET 30025—2023

(4)开展培训需求调研的步骤和注意事项。

3.3.1.2 培训课程开发

理论教学：

(1)培训课程设计与开发的作用和原则。

(2)培训课程设计与开发的流程和步骤。

(3)培训开发课程目标要素。

(4)培训开发课程内容选择的标准和方法。

(5)课程单元内容设计要素。

(6)PPT课件制作的方法与技巧。

实操训练：课件制作(PPT、微课、文本教材等)。

3.3.1.3 培训资源开发

(1)培训资源库建设的原则和注意事项。

(2)培训资源库建设的内容。

(3)培训教材选用的原则。

(4)教材开发、选用的原则和依据。

(5)题库开发整体构架和主要因素。

(6)题库开发的主要步骤。

3.3.2 培训主要方式

理论教学：

(1)采用一般常规课程教学方式,充分利用视频等多媒体教学方法。

(2)根据实际情况将线上培训和线下培训相结合,线下培训占总课时50%左右。

实操教学：采用线下课堂实操的教学方式。

3.3.3 培训安排

(1)培训场所条件:具有满足培训需要的标准教室和具有培训师业务相关的多媒体教学设备模拟场所。

(2)培训时间:理论教学 8 课时,实操教学 4 课时。

(3)培训师资:城市轨道交通企业培训师(三级/初级企业培训师)的培训教师应具有城市轨道交通企业培训师二级/中级职业资格证书或具有中级以上专业技术职务任职资格。

3.3.4 推荐教材

(1)《城市轨道交通培训师培训统编教材》,中国城市轨道交通协会主编,西南交通大学出版社有限公司出版,2019 年。

(2)《城市轨道交通企业培训师培训统编教材》,中国城市轨道交通协会主编,人民交通出版社股份有限公司出版,2024 年。

3.4 培训单元4 培训教学组织

3.4.1 培训主要内容

3.4.1.1 培训教学准备

(1)授课内容的准备。

(2)学员素质测评的定义和价值。

(3)学员素质测评的工具和方法。

(4)教案的意义和作用。

(5)教案的构成和编写要点。

(6)教案的制作要点。

3.4.1.2　培训教学实施

(1)课堂教学环节的基本步骤和规范要求。

(2)教学方法的分类和选用。

(3)教学媒介板书和多媒体教学方法的应用。

(4)教师的礼仪修养和语言规范。

3.4.1.3　实操教学辅助

(1)实操课前准备、实操方法、危险点、安全措施等。

(2)实操教学的分类和特点。

(3)实操教学的实施。

3.4.2　培训主要方式

理论教学：

(1)采用一般常规课程教学方式,充分利用视频等多媒体教学方法。

(2)根据实际情况将线上培训和线下培训相结合,线下培训占总课时50%左右。

实操教学:采用参观调查法、示范演示法、任务辅导法、试验探索法、实物练习法、虚拟练习法等方法进行实训,技能实训每组不超过10人。

3.4.3　培训安排

(1)培训场所条件:具有满足培训需要的标准教室和具有培训师业务相关的多媒体教学设备模拟场所。

(2)培训时间:理论教学10课时,实操教学2课时。

(3)培训师资:城市轨道交通企业培训师(三级/初级企业培训师)的培训教师应具有城市轨道交通企业培训师二级/中级职业资格证书或具有中级以上专业技术职务任职资格。

3.4.4 推荐教材

(1)《城市轨道交通培训师培训统编教材》,中国城市轨道交通协会主编,西南交通大学出版社有限公司出版,2019年。

(2)《城市轨道交通企业培训师培训统编教材》,中国城市轨道交通协会主编,人民交通出版社股份有限公司出版,2024年。

3.5 培训单元5 培训教学管理

3.5.1 培训教学主要内容

3.5.1.1 培训教学质量管理

(1)培训教学质量管理的意义、任务和特点。
(2)确保培训教学质量管理的要求和原则。
(3)确保教学质量的数据及数据整理。
(4)培训教学质量管理中的科学和艺术。

3.5.1.2 培训教学评估管理

(1)培训教学评估的意义和标准。
(2)培训教学评估项和评估表设计。
(3)培训教学评估实施的方法和流程。

3.5.1.3 培训教学绩效管理

(1)培训教学绩效考评的意义和主要内容。

(2)培训教学关键绩效指标。

(3)考评信息的收集与统计。

3.5.2 培训教学主要方式

理论教学：

(1)采用一般常规课程教学方式,充分利用视频等多媒体教学方法。

(2)根据实际情况将线上培训和线下培训相结合,线下培训占总课时50%左右。

3.5.3 培训教学安排

(1)培训场所条件:具有满足培训需要的标准教室和具有企业培训业务相关的多媒体教学设备模拟场所。

(2)培训时间:理论教学12课时。

(3)培训师资:城市轨道交通企业培训师(三级/初级企业培训师)的培训教师应具有城市轨道交通企业培训师二级/中级职业资格证书或具有中级以上专业技术职务任职资格。

3.5.4 推荐教材

(1)《城市轨道交通培训师培训统编教材》,中国城市轨道交通协会主编,西南交通大学出版社有限公司出版,2019年。

(2)《城市轨道交通企业培训师培训统编教材》,中国城市轨道交通协会主编,人民交通出版社股份有限公司出版,2024年。

3.6 课程设置与课时分配

城市轨道交通三级/初级企业培训师培训课程设置与课时分配表如表1所示。

表1 城市轨道交通三级/初级企业培训师培训课程设置与课时分配表

序号	培训单元名称	理论教学课时	实操教学课时	小计
1	职业道德	4	—	4
2	基础知识	20	—	20
3	培训项目开发	8	4	12
4	培训教学组织	10	2	12
5	培训教学管理	12	—	12
合计		54	6	60

T/CAMET 30025—2023

城市轨道交通企业培训师培训标准
第2部分:二级/中级企业培训师

1 编制说明

城市轨道交通企业培训师培训标准(二级/中级企业培训师)是以中国城市轨道交通协会《城市轨道交通企业培训师职业技能标准》(T/CAMET 30024—2023)为依据而制定的,适用于城市轨道交通企业培训师职业的培训。

2 基本情况

2.1 职业名称与等级

城市轨道交通企业培训师(二级/中级企业培训师)。

2.2 职业技能标准

《城市轨道交通企业培训师职业技能标准》(T/CAMET 30024—2023)。

2.3 该等级职业(工种)主要工作任务

城市轨道交通企业培训师(二级/中级企业培训师)主要结合城市轨道交通行业发展需求,制定轨道交通培训课程的教学大纲,设计培训课程体系,制作完善的培训课件,围绕城市轨道交通培训特点,设计培训教学评估体系并组织或协助评估培训效果。

3 培训方案

3.1 培训单元1 职业道德

3.1.1 培训主要内容

(1)道德的内涵、特质及功能。

(2)社会主义道德的含义、特征。

(3)职业道德的含义。

(4)职业道德与职业培训的关系。

(5)职业道德在培训中的运用。

(6)职业守则的具体内容。

3.1.2 培训主要方式

理论教学：

(1)采用一般常规课程教学方式,充分利用视频等多媒体教学方法。

(2)根据实际情况将线上培训和线下培训相结合,线下培训占总课时50%左右。

3.1.3 培训安排

(1)培训场所条件：具有满足培训需要的标准教室和具有培训师业务相关的多媒体教学设备模拟场所。

(2)培训时间：理论教学2课时。

(3)培训师资：城市轨道交通企业培训师(二级/中级企业培训师)的培训教师应具有城市轨道交通企业培训师一级/高级职业资格证书或具有高级以上专业技术职

务任职资格。

3.1.4 推荐教材

(1)《城市轨道交通培训师培训统编教材》,中国城市轨道交通协会主编,西南交通大学出版社有限公司出版,2019年。

(2)《城市轨道交通企业培训师培训统编教材》,中国城市轨道交通协会主编,人民交通出版社股份有限公司出版,2024年。

3.2 培训单元2 基础知识

3.2.1 培训主要内容

3.2.1.1 人力资源开发基本知识

(1)人力资源和人力资本概念解析。

(2)人力资源和人力资本模式比较。

(3)人力资源和人力资本的联系。

3.2.1.2 职业教育基本常识

(1)职业培训体系的内容。

(2)职业教育心理学的内容体系。

(3)心理健康的含义、标准。

(4)影响心理健康的因素。

3.2.1.3 多媒体、网络技术等现代化教学知识

(1)多媒体应用软件在现代教育领域中的具体使用方法。

(2)多媒体课件制作流程。

(3)多媒体课件使用的环境介绍。

3.2.1.4 城市轨道交通行业基本知识(可选)

(1)城市轨道交通行车组织。

(2)城市轨道交通客运管理。

(3)城市轨道交通调度指挥。

(4)城市轨道交通网络化运营。

(5)城市轨道交通安全与应急。

3.2.1.5 技能人才评价基本知识

(1)高技能人才评价的原则和方法。

(2)高技能人才评价指标体系构建和模型。

(3)培训高技能人才评价管理体制机制。

3.2.1.6 相关法律、法规知识

(1)国家职业标准制定的原则和结构。

(2)职业标准的立项、开发和审定等。

(3)职业技能培训的概念和目标。

(4)职业技能培训的主要任务。

(5)职业技能培训的具体要求和补贴政策。

(6)《中华人民共和国消防法》相关知识。

(7)《中华人民共和国安全生产法》相关知识。

(8)《中华人民共和国民法典》相关知识。

(9)《城市轨道交通行车组织管理办法》相关知识。

3.2.2 培训主要方式

理论教学：

(1)采用一般常规课程教学方式,充分利用视频等多媒体教学方法。

(2)根据实际情况将线上培训和线下培训相结合,线下培训占总课时50%左右。

3.2.3 培训安排

(1)培训场所条件:具有满足培训需要的标准教室和具有培训师业务相关的多媒体教学设备模拟场所。

(2)培训时间:理论教学14课时。

(3)培训师资:城市轨道交通企业培训师(二级/中级企业培训师)的培训教师应具有城市轨道交通企业培训师一级/高级职业资格证书或具有高级以上专业技术职务任职资格。

3.2.4 推荐教材

(1)《城市轨道交通培训师培训统编教材》,中国城市轨道交通协会主编,西南交通大学出版社有限公司出版,2019年。

(2)《城市轨道交通企业培训师培训统编教材》,中国城市轨道交通协会主编,人民交通出版社股份有限公司出版,2024年。

3.3 培训单元3 培训项目开发

3.3.1 培训主要内容

3.3.1.1 培训需求分析

(1)培训需求分析的基本方向。

(2)培训需求分析模型。

(3)培训需求分析流程详解。

(4)培训需求分析报告的撰写和规范。

(5)培训需求分析结果应用(制定培训规划、目标和内容等)。

3.3.1.2 培训课程开发

(1)培训课程体系开发的基本理念与原则。

(2)培训课程体系开发内容和构架。

(3)培训课程体系开发操作方法。

(4)课程开发计划编写的方法和注意事项。

(5)课程开发中经验萃取的方法和内容。

3.3.1.3 培训资源开发

(1)培训教材开发的意义、要求和原则。

(2)培训教材开发步骤。

(3)课件和微课制作注意事项。

(4)理论题库构架和技能题库构架。

(5)微课的界定、设计和制作。

3.3.1.4 建设实操项目

(1)开发实操项目的必要性和开发要求。

(2)实操项目开发的步骤。

(3)实操教学工作规范制度。

(4)城市轨道交通实操项目设备配备建议。

3.3.2 培训主要方式

理论教学：

(1)采用一般常规课程教学方式,充分利用视频等多媒体教学方法。

(2)根据实际情况将线上培训和线下培训相结合,线下培训占总课时50%左右。

3.3.3 培训安排

(1)培训场所条件:具有满足培训需要的标准教室和具有培训师业务相关的多媒体教学设备模拟场所。

(2)培训时间:理论教学10课时。

(3)培训师资:城市轨道交通企业培训师(二级/中级企业培训师)的培训教师应具有城市轨道交通企业培训师一级/高级职业资格证书或具有高级以上专业技术职务任职资格。

3.3.4 推荐教材

(1)《城市轨道交通培训师培训统编教材》,中国城市轨道交通协会主编,西南交通大学出版社有限公司出版,2019年。

(2)《城市轨道交通企业培训师培训统编教材》,中国城市轨道交通协会主编,人民交通出版社股份有限公司出版,2024年。

3.4 培训单元4 培训教学组织

3.4.1 培训主要内容

3.4.1.1 教学资源配置

(1)授课内容的准备。

(2)培训策略的设计。

(3)教学资源的分类和选用。

(4)优质讲师资源库建设和管理。

3.4.1.2 培训教学实施

(1)课堂教学环节的基本步骤和规范要求。

(2)培训评价的方式和应用场景。

(3)教学媒介板书和多媒体教学方法的应用。

(4)教师的礼仪修养和个人形象的塑造。

(5)教师的语言规范和表达技巧。

(6)课堂突发事件的类型和应急处理办法。

3.4.1.3 实操教学指导

(1)实操课堂的组织管理和教学步骤。

(2)实践课的教学方法与操作规范。

(3)实操教学质量评价指标体系。

3.4.2 培训主要方式

理论教学:

(1)采用一般常规课程教学方式,充分利用视频等多媒体教学方法。

(2)根据实际情况将线上和线下相结合,线下培训占总课时50%左右。

实操教学:采用参观调查法、示范演示法、任务辅导法、试验探索法、实物练习法、虚拟练习法等方法进行实训,技能实训每组不超过10人。

3.4.3 培训安排

(1)培训场所条件:具有满足培训需要的标准教室和具有培训师业务相关的多媒体教学设备模拟场所。

(2)培训时间:理论教学10课时,实操教学4课时。

(3)培训师资:城市轨道交通企业培训师(二级/中级企业培训师)的培训教师应具有城市轨道交通企业培训师一级/高级职业资格证书或具有高级以上专业技术职务任职资格。

3.4.4 推荐教材

(1)《城市轨道交通培训师培训统编教材》,中国城市轨道交通协会主编,西南交通大学出版社有限公司出版,2019年。

(2)《城市轨道交通企业培训师培训统编教材》,中国城市轨道交通协会主编,人民交通出版社股份有限公司出版,2024年。

3.5 培训单元5 培训教学管理

3.5.1 培训主要内容

3.5.1.1 培训教学质量管理

(1)加强培训教学质量的具体措施实施。

(2)培训教学质量管理输出系列文件。

(3)培训教学质量管理信息化管理系统开发方法。

3.5.1.2 培训教学评估管理

(1)培训教学质量管理方案内容。

(2)培训教学质量管理实施步骤。

(3)培训教学质量管理标准。

(4)培训教学评估报告的编写。

(5)技能等级评价的政策解读及工作流程。

3.5.1.3 培训教学绩效管理

(1)培训教学绩效管理的原则和注意事项。

(2)培训教学绩效管理的目标制定、过程跟进、沟通反馈、总结调整。

3.5.2 培训主要方式

理论教学：

(1)采用一般常规课程教学方式,充分利用视频等多媒体教学方法。

(2)根据实际情况将线上培训和线下培训相结合,线下培训占总课时50%左右。

3.5.3 培训安排

(1)培训场所条件:具有满足培训需要的标准教室和具有培训师业务相关的多媒体教学设备模拟场所。

(2)培训时间:理论教学8课时。

(3)培训师资:城市轨道交通企业培训师(二级/中级企业培训师)的培训教师应具有城市轨道交通企业培训师一级/高级职业资格证书或具有高级以上专业技术职务任职资格。

3.5.4 推荐教材

(1)《城市轨道交通培训师培训统编教材》,中国城市轨道交通协会主编,西南交通大学出版社有限公司出版,2019年。

(2)《城市轨道交通企业培训师培训统编教材》,中国城市轨道交通协会主编,人民交通出版社股份有限公司出版,2024年。

3.6 培训单元6 培训咨询服务

3.6.1 培训主要内容

培训师专业发展指导:

(1)培训师职业生涯规划与发展。

(2)培训师的职业素养。

(3)知识管理基本内容。

3.6.2 培训主要方式

理论教学:

(1)采用一般常规课程教学方式,充分利用视频等多媒体教学方法。

(2)根据实际情况将线上和线下相结合,线下培训占总课时50%左右。

3.6.3 培训安排

(1)培训场所条件:具有满足培训需要的标准教室和具有企业培训业务相关的多媒体教学设备模拟场所。

(2)培训时间:理论教学2课时。

(3)培训师资:城市轨道交通企业培训师(二级/中级企业培训师)的培训教师应具有城市轨道交通企业培训师一级/高级职业资格证书或具有高级以上专业技术职务任职资格。

3.6.4 推荐教材

(1)《城市轨道交通培训师培训统编教材》,中国城市轨道交通协会主编,西南交通大学出版社有限公司出版,2019年。

(2)《城市轨道交通企业培训师培训统编教材》,中国城市轨道交通协会主编,人民交通出版社股份有限公司出版,2024年。

3.7 课程设置与课时分配

城市轨道交通二级/中级企业培训师培训课程设置与课时分配表如表2所示。

表2 城市轨道交通二级/中级企业培训师培训课程设置与课时分配表

序号	培训单元名称	理论教学课时	实操教学课时	小计
1	职业道德	2	—	2
2	基础知识	14	—	14
3	培训项目开发	10	—	10
4	培训教学组织	10	4	14
5	培训教学管理	8	—	8
6	培训咨询服务	2	—	2
	合计	46	4	50

T/CAMET 30025—2023

城市轨道交通企业培训师培训标准
第3部分:一级/高级企业培训师

1 编制说明

城市轨道交通企业培训师培训标准(一级/高级企业培训师)是以中国城市轨道交通协会《城市轨道交通企业培训师职业技能标准》(T/CAMET 30024—2023)为依据而制定的,适用于城市轨道交通企业培训师职业的培训。

2 基本情况

2.1 职业名称与等级

城市轨道交通企业培训师(一级/高级企业培训师)。

2.2 职业技能标准

《城市轨道交通企业培训师职业技能标准》(T/CAMET 30024—2023)。

2.3 该等级职业(工种)主要工作任务

城市轨道交通企业培训师(一级/高级企业培训师)主要结合城市轨道交通行业发展需求,对培训项目进行总体规划和计划,审定轨道交通类培训课程体系,设计各项培训教学评估方案,组建培训师资团队,并进行科学管理。

3 培训方案

3.1 培训单元1 职业道德

3.1.1 培训主要内容

(1)道德的内涵、特质及功能。

(2)社会主义道德的含义、特征。

(3)职业道德的含义。

(4)职业道德与职业培训的关系。

(5)职业道德在培训中的运用。

(6)职业守则的具体内容。

3.1.2 培训主要方式

理论教学：

(1)采用一般常规课程教学方式,充分利用视频等多媒体教学方法。

(2)根据实际情况将线上培训和线下培训相结合,线下培训占总课时50%左右。

3.1.3 培训安排

(1)培训场所条件:具有满足培训需要的标准教室和具有培训师业务相关的多媒体教学设备模拟场所。

(2)培训时间:理论教学2课时。

(3)培训师资:城市轨道交通企业培训师(一级/高级企业培训师)的培训教师应具有城市轨道交通企业培训师一级/高级职业资格证书2年以上或具有技师以上专业

技术职务任职资格。

3.1.4 推荐教材

(1)《城市轨道交通培训师培训统编教材》,中国城市轨道交通协会主编,西南交通大学出版社有限公司出版,2019年。

(2)《城市轨道交通企业培训师培训统编教材》,中国城市轨道交通协会主编,人民交通出版社股份有限公司出版,2024年。

3.2 培训单元2 基础知识

3.2.1 培训主要内容

3.2.1.1 人力资源开发基本知识

(1)人力资源开发的意义和作用。

(2)人力资源开发的基本程序。

(3)人力资源供求预测。

3.2.1.2 职业教育基本常识

(1)优秀培训师的心理素质。

(2)职业心理健康教育的途径。

(3)企业员工参与培训动机的激发与维持。

3.2.1.3 多媒体、网络技术等现代化教学知识

(1)多媒体课件优化。

(2)线上教学网络新媒体平台介绍。

(3)线上教学信息呈现的方法。

(4)线上线下混合式教学模式应用。

3.2.1.4　城市轨道交通行业基本知识

（1）城市轨道交通项目特点和项目评价。

（2）城市轨道工程项目建设标准。

（3）城市轨道交通建设的流程、内容和接口。

（4）国内外智能轨道交通发展趋势及前沿技术。

3.2.1.5　技能人才评价基本知识

（1）城市轨道交通行业技能人才概况。

（2）城市轨道交通国家职业技能鉴定标准介绍。

3.2.1.6　相关法律、法规知识

（1）《国务院办公厅关于保障城市轨道交通安全运行的意见》（国办发〔2018〕13号）文件解读。

（2）《城市轨道交通运营管理规定》解读。

（3）《城市轨道交通设施设备运行维护管理办法》解读。

（4）《中华人民共和国消防法》相关知识。

（5）《中华人民共和国安全生产法》相关知识。

（6）《城市轨道交通运营突发事件应急演练管理办法》相关知识。

（7）《城市轨道交通服务质量评价规范》相关知识。

（8）《城市轨道交通消防安全管理》（GB/T 4048—2021）相关知识。

（9）《城市轨道交通运营管理规范》（GB/T 30012—2013）相关知识。

3.2.2　培训主要方式

理论教学：

(1)采用一般常规课程教学方式,充分利用视频等多媒体教学方法。

(2)根据实际情况将线上培训和线下培训相结合,线下培训占总课时50%左右。

3.2.3 培训安排

(1)培训场所条件:具有满足培训需要的标准教室和具有培训师业务相关的多媒体教学设备模拟场所。

(2)培训时间:理论教学8课时。

(3)培训师资:城市轨道交通企业培训师(一级/高级企业培训师)的培训教师应具有城市轨道交通企业培训师一级/高级职业资格证书2年以上或具有技师以上专业技术职务任职资格。

3.2.4 推荐教材

(1)《城市轨道交通培训师培训统编教材》,中国城市轨道交通协会主编,西南交通大学出版社有限公司出版,2019年。

(2)《城市轨道交通企业培训师培训统编教材》,中国城市轨道交通协会主编,人民交通出版社股份有限公司出版,2024年。

3.3 培训单元3 培训项目开发

3.3.1 培训主要内容

3.3.1.1 培训需求预测

(1)培训需求预测原则和模型。

(2)培训需求预测报告审核的要点和常见问题。

(3)培训项目设计的原则和方法。

(4)培训项目实施方案的内容和注意事项。

3.3.1.2 培训课程开发

(1)课程开发最新理念及工具模型。

(2)课程体系审核的分类与核心原则。

(3)课程开发审核的几个阶段和注意事项。

(4)课程体系和课程开发审核的方法和观测点。

(5)对课程开发质量、难度系数、可行性进行预评估。

3.3.1.3 培训资源开发

(1)数字化多媒体背景下立体化教材的开发。

(2)培训教材审核的主要内容。

(3)培训教材审核的步骤和方法。

(4)教材审定的程序和原则。

(5)示范型培训教材开发趋势和编写要求。

3.3.1.4 建设实操项目

(1)实操项目的设计方法和要求。

(2)实操项目教案设计和要素。

(3)实操教学评价和质量监控方法。

3.3.2 培训主要方式

理论教学:

(1)采用一般常规课程教学方式,充分利用视频等多媒体教学方法。

(2)根据实际情况将线上培训和线下培训相结合,线下培训占总课时50%左右。

3.3.3 培训安排

(1)培训场所条件:具有满足培训需要的标准教室和具有企业培训业务相关的多媒体教学设备模拟场所。

(2)培训时间:理论教学6课时。

(3)培训师资:城市轨道交通企业培训师(一级/高级企业培训师)的培训教师应具有城市轨道交通企业培训师一级/高级职业资格证书2年以上或具有技师以上专业技术职务任职资格。

3.3.4 推荐教材

(1)《城市轨道交通培训师培训统编教材》,中国城市轨道交通协会主编,西南交通大学出版社有限公司出版,2019年。

(2)《城市轨道交通企业培训师培训统编教材》,中国城市轨道交通协会主编,人民交通出版社股份有限公司出版,2024年。

3.4 培训单元4 培训教学组织

3.4.1 培训主要内容

3.4.1.1 培训教学规划

(1)培训方案制订基础。

(2)培训方案制订内容。

(3)教学模式分类和选用。

(4)培训师资团队构建。

3.4.1.2 培训教学创新

（1）教学大纲的制定和优化。

（2）培训创新的内容和模式。

（3）教学方法的创新和应用。

3.4.1.3 实操教学设计

（1）实操的教学模式和选择。

（2）实操教学场地建设与管理。

（3）虚拟仿真实训设计原则。

（4）虚拟仿真实训模型的建立和设计实现。

（5）虚拟仿真实训教学体系设计。

（6）高技能人才评价维度和方式。

3.4.2 培训主要方式

理论教学：

（1）采用一般常规课程教学方式,充分利用视频等多媒体教学方法。

（2）根据实际情况将线上培训和线下培训相结合,线下培训占总课时50%左右。

实操教学：采用参观调查法、示范演示法、任务辅导法、试验探索法、实物练习法、虚拟练习法等方法进行实训,技能实训每组不超过10人。

3.4.3 培训安排

（1）培训场所条件：具有满足培训需要的标准教室和具有企业培训业务相关的多媒体教学设备模拟场所。

（2）培训时间：理论教学4课时,实操教学2课时。

(3)培训师资:城市轨道交通企业培训师(一级/高级企业培训师)的培训教师应具有城市轨道交通企业培训师一级/高级职业资格证书2年以上或具有技师以上专业技术职务任职资格。

3.4.4 推荐教材

(1)《城市轨道交通培训师培训统编教材》,中国城市轨道交通协会主编,西南交通大学出版社有限公司出版,2019年。

(2)《城市轨道交通企业培训师培训统编教材》,中国城市轨道交通协会主编,人民交通出版社股份有限公司出版,2024年。

3.5 培训单元5 培训教学管理

3.5.1 培训教学主要内容

3.5.1.1 培训教学质量管理

(1)培训教学质量管理的内容和工具。
(2)培训教学质量管理体系和相关标准。
(3)运用数字化管理平台对培训教学质量进行管理。
(4)培训教学质量管理注意事项。
(5)培训教学质量管理报告内容。
(6)培训教学质量管理报告写作要求

3.5.1.2 培训教学评估管理

(1)培训教学效果评估体系的确立和建立原则。
(2)培训教学效果评估的指标体系和评估方法。
(3)考评员培训职业标准和命题考评要求。

(4)培训教学评估报告数据统计、分析和反馈。

3.5.1.3 培训教学绩效管理

培训教学绩效评估报告的构架(包括考评综述、问题分析、意见征询等)。

3.5.2 培训主要方式

理论教学：

(1)采用一般常规课程教学方式,充分利用视频等多媒体教学方法。

(2)根据实际情况将线上培训和线下培训相结合,线下培训占总课时50%左右。

3.5.3 培训安排

(1)培训场所条件:具有满足培训需要的标准教室和具有培训师业务相关的多媒体教学设备模拟场所。

(2)培训时间:理论教学6课时。

(3)培训师资:城市轨道交通企业培训师(一级/高级企业培训师)的培训教师应具有城市轨道交通企业培训师一级/高级职业资格证书2年以上或具有技师以上专业技术职务任职资格。

3.5.4 推荐教材

(1)《城市轨道交通培训师培训统编教材》,中国城市轨道交通协会主编,西南交通大学出版社有限公司出版,2019年。

(2)《城市轨道交通企业培训师培训统编教材》,中国城市轨道交通协会主编,人民交通出版社股份有限公司出版,2024年。

3.6 培训单元6 培训咨询服务

3.6.1 培训咨询主要内容

培训师专业发展指导:
(1)培训项目及教学资源开发全流程。
(2)培训教学评估体系建设方法及注意事项。
(3)企业培训师能力素质模型。
(4)人才开发体系的管理模型。

3.6.2 培训主要方式

理论教学:
(1)采用一般常规课程教学方式,充分利用视频等多媒体教学方法。
(2)根据实际情况将线上培训和线下培训相结合,线下培训占总课时50%左右。

3.6.3 培训安排

(1)培训场所条件:具有满足培训需要的标准教室和具有培训师业务相关的多媒体教学设备模拟场所。
(2)培训时间:理论教学2课时。
(3)培训师资:城市轨道交通企业培训师(一级/高级企业培训师)的培训教师应具有城市轨道交通企业培训师一级/高级职业资格证书2年以上或具有技师以上专业技术职务任职资格。

3.6.4 推荐教材

(1)《城市轨道交通培训师培训统编教材》,中国城市轨道交通协会主编,西南交通大学出版社有限公司出版,2019年。

(2)《城市轨道交通企业培训师培训统编教材》,中国城市轨道交通协会主编,人民交通出版社股份有限公司出版,2024年。

3.7 课程设置与课时分配

城市轨道交通一级/高级企业培训师培训课程设置与课时分配表如表3所示。

表3 城市轨道交通一级/高级企业培训师培训课程设置与课时分配表

序号	培训单元名称	理论教学课时	实操教学课时	小计
1	职业道德	2	—	2
2	基础知识	8	—	8
3	培训项目开发	6	—	6
4	培训教学组织	4	2	6
5	培训教学管理	6	—	6
6	培训咨询服务	2	—	2
合计		28	2	30

团 体 标 准

T/CAMET 30026—2023

城市轨道交通企业培训师
鉴定标准

2023-04-10 发布　　　　　　　　　　　2023-07-01 实施

中国城市轨道交通协会　发布

目 录

1 鉴定对象 …………………………………… 79
2 鉴定方式 …………………………………… 79
3 鉴定方案 …………………………………… 80
4 考评权重 …………………………………… 104

T/CAMET 30026—2023

城市轨道交通企业培训师鉴定标准

1 鉴定对象

符合《城市轨道交通企业培训师职业技能标准》（T/CAMET 30024—2023）中规定的申报条件、通过资格审核并完成相关培训的人员。

2 鉴定方式

2.1 三级/初级企业培训师

城市轨道交通三级/初级企业培训师的鉴定方式分为理论知识考试和专业技能操作考核两部分。

理论知识考试采用闭卷笔试方式，有条件的可采用计算机上机答题方式。技能操作考核采用现场实际操作方式。理论知识考试和专业技能操作考核均实行百分制，成绩均达到60分为合格。

2.2 二级/中级企业培训师

城市轨道交通二级/中级企业培训师的鉴定方式分为理论知识考试、专业技能考核和综合评审三部分。

理论知识考试采用闭卷笔试方式，有条件的可采用计算机上机答题方式。专业技能操作考核采用现场实际操作方式。理论知识考试和专业技能操作考核均实行百分制,成绩均达到 60 分为合格。综合评审按要求报考者提供相应材料,考核实行百分制,根据材料完整度、符合度和质量打分,成绩达到 60 分为合格。

2.3 一级/高级企业培训师

城市轨道交通一级/高级企业培训师的鉴定方式分为理论知识考试、专业技能考核和综合评审三部分。

理论知识考试采用闭卷笔试方式,有条件的可采用计算机上机答题方式。专业技能操作考核采用现场实际操作方式。理论知识考试和专业技能操作考核均实行百分制,成绩均达到 60 分为合格。综合评审按要求报考者提供相应材料,考核实行百分制,根据材料完整度、符合度和质量打分,成绩达到 70 分为合格。

3 鉴定方案

3.1 三级/初级企业培训师

3.1.1 理论知识考试(考试时间 90 分钟)

城市轨道交通三级/初级企业培训师理论知识考试形式如表 1 所示。

3.1.2 专业技能考核(考核时间 25~30 分钟,根据指定材料准备课件)

城市轨道交通三级/初级企业培训师专业技能考核形式如表 2 所示。

T/CAMET 30026—2023

表1 城市轨道交通三级/初级企业培训师理论知识考试试题题型及库参数

题型	考核方式	库参数			
		题库量（题）	鉴定题量（题）	分值（分/题）	配分（分）
单选题	闭卷（笔试/机考）	300	60	1	60
判断题		100	20	1	20
多选题		100	10	2	20
小计	—	500	90		100

表2 城市轨道交通三级/初级企业培训师专业技能考核维度、考核标准和考核方式

一级维度	二级维度	考核标准	考核方式
培训项目开发	培训需求调研	（1）能够说明培训需求调研的选择方法及选用原因 （2）调研结果与课程主题相符,无偏差	（1）说课 ①内容：课程背景、课程目标、课程重点与难点、教学方法、课程对象、课程结构 ②时间：10分钟

81

续上表

一级维度	二级维度	考核标准	考核方式
培训项目开发	培训课程开发	（1）课程主题明确且与培训目标相一致 （2）能够根据课程主题收集开发材料,并完成课程制作 （3）课程类型清晰,课程结构完整	（2）试讲 ①内容:需提供完整版本PPT,说课时在PPT中选择相对独立且连贯的3~6页进行讲解 ②时间:15~20分钟
	培训资源开发	—	
培训教学组织	培训教学准备	（1）提前准备课程中所需要的各项教学物资,无遗漏 （2）根据课程内容完成教案编写,并且教案编写符合要求	
	培训教学实施	（1）PPT呈现 ①课件整体风格一致,色彩搭配得当 ②课件简洁、清爽,效果直观、形象 （2）授课表达 ①流程完整,开场能够吸引学员注意力;结尾有	

续上表

一级维度	二级维度	考核标准	考核方式
培训教学组织	培训教学实施	总结,善用互动方法确认受众掌握程度,评估教学目标完成情况 ②语言流畅自然,语速适中,音量、节奏恰当 (3)仪态呈现 ①身体语言:肢体语言得当,如站姿挺拔,不频繁晃动;手势适度;眼神与评审交流自如,兼顾全场;适度走动 ②仪态良好,无多余的习惯性动作	
	实操教学辅助	—	
培训教学管理	培训教学评估管理	(1)授课过程中能够关注课堂纪律和学员状态,对于出现不良状态的学员予以纠正 (2)不以自我为中心,能够根据学员状态及时调整授课节奏	
	培训教学质量管理		
	培训教学绩效管理	—	

83

3.2 二级/中级企业培训师

3.2.1 理论知识考试(考试时间70分钟)

城市轨道交通二级/中级企业培训师理论知识考试形式如表3所示。

表3 城市轨道交通二级/中级企业培训师理论知识考试试题题型及库参数

题型	考核方式	库参数			
		题库量(题)	鉴定题量(题)	分值(分/题)	配分(分)
单选题	闭卷（笔试/机考）	300	60	1	60
判断题		100	10	1	10
多选题		50	15	2	30
小计	—	450	85	—	100

3.2.2 专业技能考核(考核时间25~30分钟,自备课件)

城市轨道交通二级/中级企业培训师专业技能考核形式如表4所示。

表4 城市轨道交通二级/中级企业培训师专业技能考核维度、考核标准和考核方式

一级维度	二级维度	考核标准	考核方式
培训项目开发	培训需求分析	（1）根据培训项目要求开发出一套培训需求调研问卷	（1）说课 ①内容:课程背景、课程目标、课程重

续上表

一级维度	二级维度	考核标准	考核方式
培训项目开发	培训需求分析	（2）调研内容翔实全面，有较大参考价值，需求分析准确，无遗漏、偏颇 （3）编写培训需求报告并进行培训需求的分析和提炼，需求分析准确，无遗漏、偏颇	点与难点、教学方法、课程对象、课程结构、课程评估 ②时间：10分钟 （2）试讲 ①内容：需提供完整版本PPT，说课时任选3～6页PPT ②时间：15～20分钟
	培训课程开发	（1）课程目标：按照ABCD法则清晰界定目标 （2）课程结构：主题层次清晰，条理清楚，逻辑清晰，便于掌握和理解；主次分明，详略得当，重点内容时间分配有保证 （3）课程形式：课程通过多种形式呈现，通过案例分析、视频观看、游戏等形式增加课程趣味性 （4）课程内容：内容完整丰富，呈现形式简洁精练，不拖沓，便于学员理解记忆	

续上表

一级维度	二级维度	考核标准	考核方式
培训项目开发	培训资源开发	—	
	建设实操项目	—	
培训教学组织	教学资源配置	（1）能够预设培训学员情况,并根据不同学员情况匹配教学实施方案 （2）能够预计课程中可能出现的2~3种紧急情况,并做好充足的准备	
	培训教学实施	(1)PPT呈现 ①排版整齐,图文并茂,字体统一,风格与培训主题相统一 ②视觉效果好,颜色、布局得当;善于使用图表和流程图去诠释内容;合理穿插视频、动画等 (2)授课表达 ①讲授思路清晰,内容结构化表达,有效减少学员思想负担 ②表达结合类比、比喻等修辞手法予以说明,贴切生动、通俗易懂	

续上表

一级维度	二级维度	考核标准	考核方式
培训教学组织	培训教学实施	③适度幽默,不沉闷,课堂氛围活跃,让学员学习更轻松愉悦 (3)互动控场 ①关注学员,及时反馈 ②善于提问,有意识地鼓励学员参与;对学员提出的问题,能从容地解答 ③授课各环节时间把握得当 (4)仪态呈现 ①沉稳自信,讲授自然,与学员进行目光交流 ②身体语言:手势目的明确,无多余动作;步伐移动适当,无摇晃现象 ③形象状态:形象大方得体,举止自然,呈现自信、专业、真诚、热情的状态	
	实操教学指导	—	

续上表

一级维度	二级维度	考核标准	考核方式
培训教学管理	培训教学评估管理	教学评估： （1）授课过程中能够关注学员状态，不以自我为中心 （2）能够根据学员状态及时调整授课节奏 （3）设计训后跟进方案，保证培训效果	
	培训教学质量管理		
	培训教学绩效管理	—	

3.2.3 综合评审

城市轨道交通二级/中级企业培训师综合评审形式如表5所示。

表5 城市轨道交通二级/中级企业培训师综合评审的评审项目、评审内容和考核形式

序号	评审项目		评审内容	考核形式	备注
1	带教	业务相关	在担任本级别培训师期间，开展企业内部师徒带教，徒弟顺利通过考评并取得城市轨道交通企业培训师（二级/中级企业培训师）	业绩举证	带教总分不超过40分

续上表

序号	评审项目		评审内容	考核形式	备注
1	带教	业务相关	及以上职业资格证书(每培养1人得10分) 评审材料要求： (1)所在单位师徒带教相关制度 (2)师徒带教协议、通知等过程证明材料 (3)经所在单位认可的师徒带教成果评价文件,如学员鉴定表、带教评价表等 加分内容： 学员经培训后受聘为所在单位培训师的相关证明材料,如培训师聘书或相关证明材料(加2分)	业绩举证	带教总分不超过40分
		培训相关	在担任本级别培训师期间,组织策划所在单位讲师培训活动,并参与授课;或者代表本单位,作为参赛选手导师参与行业级及以上的培训师赛事,每组织或参与1次活动为1项业绩(10分)		

续上表

序号	评审项目		评审内容	考核形式	备注
1	带教	培训相关	评审材料要求： (1)经所在单位(部门)发文的项目活动方案 (2)活动实施过程证明材料、签到表、视频等 (3)活动结果证明材料 加分内容： (1)培训活动参与人员超过50人(加2分) (2)学员培训效果合格率超过90%(加2分) (3)参加行业赛事获得"优秀导师"称号(加2分)	业绩举证	带教总分不超过40分
2	项目开发	实操项目	(1)正确阐述实操项目可行性研究方案的编制要点，包括项目概况、项目建设必要性和可行性、项目实施方案(主要技术方案、设备选型方案、配套工程方案)、工期安排及资金概算、拆除设备(物资)处置方案等；提供参编的项目可行性研究方案等佐证材料并接受答辩(20分)	业绩举证+答辩	"实操项目""培训项目"二选一

续上表

序号	评审项目	评审内容	考核形式	备注
2	项目开发	实操项目	（2）针对所提供的项目技术文件（如项目初设方案、项目验收方案、物资出入库验收材料等），分析存在的问题并提出解决思路，或提供参与项目技术文件审核的佐证材料并接受答辩(15分) （3）正确阐述项目建设过程管控流程和技术管理要点，提供参与项目建设过程管控的佐证材料并接受答辩(15分) （4）正确阐述项目培训功能验收及投运的工作要点，提供参与项目验收的佐证材料并接受答辩(10分)	业绩举证+答辩	"实操项目""培训项目"二选一
		培训项目	（1）正确阐述培训项目可行性研究方案编制要点，包括项目概况、项目建设必要性和可行性、项目实施方案（人员安排、场地布置、运营流程、评估方案）、进度安		

续上表

序号	评审项目		评审内容	考核形式	备注
2	项目开发	培训项目	排、成本预算、风险评估等；提供参编的项目可行性研究方案等佐证材料并接受答辩(20分) (2)针对所提供的项目技术方案(如项目初设方案、项目验收方案、课程体系建设、培训资源开发等)，分析存在的问题并提供解决思路，或提供参与项目技术文件审核的佐证材料并接受答辩(15分) (3)正确阐述项目建设过程控制流程和管理要点，提供参与项目建设过程管控的佐证材料并接受答辩(15分) (4)正确阐述项目绩效评估的流程和方法，形成教学绩效评估报告，提供相关佐证材料并接受答辩(10分)	业绩举证+答辩	"实操项目""培训项目"二选一

续上表

序号	评审项目		评审内容	考核形式	备注
3	加分	获奖加分(不超过10分)	与培训相关奖项(需提供证书)： (1)国家级(加5分) (2)省级/市级/行业级(加3分) (3)公司级(加2分)	业绩举证	综合评审实行百分制,当附加分后超过100分时,最终考核成绩计为100分
		培训资源开发(不超过10分)	(1)标准课程开发(加2分/门),需提供课程材料 (2)教材编写并在公司内发布(加3分/本),需提供教材 (3)开发考试题库(加2分/100题)		

3.3 一级/高级企业培训师

3.3.1 理论知识考试(考试时间60分钟)

城市轨道交通一级/高级企业培训师理论知识考试形式如表6所示。

表6 城市轨道交通一级/高级企业培训师理论知识考试试题题型及库参数

题型	考核方式	库参数			
		题库量（题）	鉴定题量（题）	分值（分/题）	配分（分）
单选题	闭卷（笔试/机考）	300	70	1	70
多选题		100	15	2	30
小计	—	400	85	—	100

3.3.2 专业技能考核(考核时间25~30分钟,自备课件)

城市轨道交通一级/高级企业培训师专业技能考核形式如表7所示。

表7 城市轨道交通一级/高级企业培训师专业技能考核维度、考核标准和考核方式

一级维度	二级维度	考核标准	考核方式
培训项目开发	培训需求预测	(1)课题选择:能够结合企业现状,对培训趋势进行预判;能够有针对性地解决问题 (2)培训需求:能准确阐述各类培训需求调研方案的特点及适用范围,并结合课程,说明使用调研方法的原因	(1)说课 ①内容:课程背景、课程目标、课程重点与难点、教学方法、课程对象、课程结构、课程评估

续上表

一级维度	二级维度	考核标准	考核方式
培训项目开发	培训课程开发	(1)课程目标:课程目标清晰准确,符合ABCD法则 (2)课程内容:内容主题层次清晰、有条理,逻辑清晰,便于掌握和理解;主次分明、详略得当,重点内容时间分配有保证 (3)课程形式:课程通过多种形式呈现,通过案例分析、视频观看、游戏等形式增加了课程趣味性 (4)体系化开发:通过开发系列课程,系统性地解决了培训需求 (5)效果预测:明确课程需要达成的效果,并制定有效的跟进方法	②时间:10分钟 (2)试讲 ①内容:需提供完整版本PPT,说课时在PPT中选择相对独立且连贯的3~6页进行讲解 ②时间:15~20分钟
	培训资源开发	—	
	建设实操项目	—	

续上表

一级维度	二级维度	考核标准	考核方式
培训教学组织	培训教学规划	—	
	培训教学创新	（1）PPT呈现 ①排版整齐,图文并茂,字体统一,风格与培训主题相统一 ②视觉效果好,颜色、布局得当;善于使用图表和流程图去诠释内容 ③合理穿插视频、动画等 （2）授课表达 ①讲授思路清晰,内容结构化表达,有效减少学员思想负担 ②普通话表达自信专业、抑扬顿挫、轻重缓急、语气得当 ③内容表达结合类比、比喻等修辞手法进行说明,贴切生动、通俗易懂 ④能激发学员学习兴趣,顺利完成培训任务,实现培训目的	

续上表

一级维度	二级维度	考核标准	考核方式
培训教学组织	培训教学创新	（3）互动控场 ①根据现场突发情况及时做出恰当的反应 ②善于提问，有意识地鼓励学员参与；对学员提出的问题，及时应答，反应机敏、轻松应变，能够把控现场氛围 ③授课各环节时间把控得当 （4）仪态呈现 ①教态自然，举止端庄，精神饱满，富有亲和力；语言生动流畅、准确简练，节奏感强，富有感染力；沉稳自信，讲授自然，与学员进行目光交流 ②身体语言：肢体语言得当，如站姿挺拔，不频繁晃动；手势适度；眼神与评审交流自如，兼顾全场；适度走动 ③形象状态：形象大方得体，举止自然，呈现自信、专业、真诚、热情的状态	

续上表

一级维度	二级维度	考核标准	考核方式
培训教学组织	培训教学创新	(5)培训创新 ①能够采用创新形式进行授课(如行动学习、沙盘模拟、游戏化学习等) ②能在教学过程中融入数字化教学理念,采用数字化技术提升教学效果,如采用AI、虚拟仿真等教学方式	
	实操教学设计	—	
培训教学管理	培训教学评估管理	教学评估: (1)授课过程中能够关注学员状态,不以自我为中心 (2)能够根据学员状态及时调整授课节奏 (3)设计培训后跟进方案,保证培训效果 (4)对学员评价导向积极,形式多样,过程评价及结果评价相结合,反馈与矫正及时	
	培训教学质量管理		
	培训教学绩效管理		

3.3.3 综合评审

城市轨道交通一级/高级企业培训师综合评审形式如表8所示。

表8 城市轨道交通一级/高级企业培训师综合评审的评审项目、评审内容和考核形式

序号	评审项目		评审内容	考核形式	备注
1	带教	业务相关	在担任本级别培训师期间,开展企业内部师徒带教,徒弟顺利通过考评并取得城市轨道交通企业培训师一级/高级及以上职业资格证书(每培养1人得10分) 评审材料要求: (1)所在单位师徒带教相关制度 (2)师徒带教协议、通知等过程证明材料 (3)经所在单位认可的师徒带教成果评价文件,如学员鉴定表、带教评价表等 加分内容: 学员经培训后受聘为所在单位培训师,如培训师聘书或相关证明材料(加2分)	业绩举证	带教总分不超过30分

续上表

序号	评审项目		评审内容	考核形式	备注
1	带教	培训相关	在担任本级别培训师期间，组织策划所在单位讲师培训活动，并参与授课；或者代表本单位，作为参赛选手导师参与行业级及以上的培训师赛事，每组织或参与1次活动为1项业绩(10分) 评审材料要求： (1)经所在单位(部门)发文的项目活动方案 (2)活动实施过程证明材料、签到表、视频等 (3)活动结果证明材料 加分内容： (1)培训活动参与人员超过50人(加2分) (2)学员培训效果合格率超过90%(加2分) (3)参加行业赛事获得"优秀导师"称号(加2分)	业绩举证	带教总分不超过30分
2	项目开发	实操项目	(1)正确阐述实操项目可行性研究方案的编制要点，包括项目概况、项目建设必要性和可行性、项目实施方案	业绩举证+答辩	"实操项目""培训项目"二选一

续上表

序号	评审项目		评审内容	考核形式	备注
2	项目开发	实操项目	(主要技术方案、设备选型方案、配套工程方案)、工期安排及资金概算、拆除设备(物资)处置方案等;提供参编的项目可行性研究方案等佐证材料并接受答辩(15分) (2)针对所提供的项目技术文件(如项目初设方案、项目验收方案、物资出入库验收材料等),分析存在的问题并提出解决思路,或提供参与项目技术文件审核的佐证材料并接受答辩(15分) (3)正确阐述项目建设过程管控流程和技术管理要点,提供参与项目建设过程管控的佐证材料并接受答辩(10分) (4)正确阐述项目培训功能验收及投运的工作要点,提供参与项目验收的佐证材料并接受答辩(10分)	业绩举证+答辩	"实操项目""培训项目"二选一

续上表

序号	评审项目		评审内容	考核形式	备注
2	项目开发	培训项目	（1）正确阐述培训项目可行性研究方案编制要点，包括项目概况、项目建设必要性和可行性、项目实施方案（人员安排、场地布置、运营流程、评估方案）、进度安排、成本预算、风险评估等；提供参编的项目可行性研究方案等佐证材料并接受答辩(15分) （2）针对所提供的项目技术文件（如项目初设方案、项目验收方案、课程体系、培训资源等），分析存在的问题并提供解决思路，或提供参与项目技术文件审核的佐证材料并接受答辩(15分) （3）正确阐述项目建设过程控制流程和管理要点，提供参与项目建设过程管控的佐证材料并接受答辩(10分)	业绩举证+答辩	"实操项目""培训项目"二选一

续上表

序号	评审项目		评审内容	考核形式	备注
2	项目开发	培训项目	(4)正确阐述项目绩效评估的流程和方法,形成教学绩效评估报告,提供相关佐证材料并接受答辩(10分)	业绩举证+答辩	"实操项目""培训项目"二选一
3	培训创新	创新	(1)论文编写:根据在培训/实操项目中的创新点撰写论文 (2)文章在行业正规杂志发表(5分/篇)	业绩举证	培训创新总分不超过20分
4	加分	获奖加分(不超过10分)	与培训相关奖项(提供相关证书): (1)国家级(加5分) (2)省级/市级/行业级(加3分)	业绩举证	综合评审实行百分制,当附加分后超过100分时,最终考核成绩计为100分
		培训资源开发(不超过10分)	(1)高质量课程开发(加2分/门),需提供课程材料 (2)示范性教材编写并出版(加3分/本),需提供教材 (3)开发考试题库(加2分/10题)		

4 考评权重

4.1 理论考试权重

城市轨道交通企业培训师理论考试权重如表9所示。

表9 城市轨道交通企业培训师理论考试维度和理论考试权重

一级维度	二级维度	三级/初级企业培训师			二级/中级企业培训师			一级/高级企业培训师		
		题库题量（题）	出题量（题）	权重（%）	题库题量（题）	出题量（题）	权重（%）	题库题量（题）	出题量（题）	权重（%）
基本要求	职业道德	25	4	5	22	4	5	20	4	5
基础知识	人力资源开发基本知识	16	3	20	10	2	15	6	1	10
	教育心理学基本知识	17	3		12	2		7	1	

104

续上表

一级维度	二级维度	三级/初级企业培训师			二级/中级企业培训师			一级/高级企业培训师		
		题库题量（题）	出题量（题）	权重（%）	题库题量（题）	出题量（题）	权重（%）	题库题量（题）	出题量（题）	权重（%）
基本要求	基础知识	多媒体、网络技术等现代化教学知识	17	3	20	12	2	15	7	2	10
		城市轨道交通行业基本知识	17	3		12	2		7	2	
		技能人才评价基本知识	17	3		12	2		7	2	
		相关法律、法规知识	16	3		10	2		6	1	
其他要求	培训项目开发	培训需求调研	25	5	15	—	—	20	—	—	30
		培训需求分析	—	—		23	4		—	—	
		培训需求预测	—	—		—	—		30	6	
		培训课程开发	25	5		23	5		30	7	

续上表

一级维度	二级维度	三级/初级企业培训师 题库题量(题)	出题量(题)	权重(%)	二级/中级企业培训师 题库题量(题)	出题量(题)	权重(%)	一级/高级企业培训师 题库题量(题)	出题量(题)	权重(%)
培训项目开发	培训资源开发	25	4	15	22	4	20	30	6	30
	建设实操项目	—	—		22	4		30	6	
其他要求 培训教学组织	培训教学准备	60	12	35	—	—	30	—	—	25
	教学资源配置	—	—		45	8		—	—	
	培训教学实施	60	10		45	9		33	7	
	培训教学规划	—	—		—	—		—	—	
	实操教学辅助	55	10		45	9		—	—	
	教学实操指导	—	—		—	—		33	7	
	实操教学设计	—	—		—	—		—	—	

续上表

一级维度	二级维度	三级/初级企业培训师 题库题量（题）	出题量（题）	权重（%）	二级/中级企业培训师 题库题量（题）	出题量（题）	权重（%）	一级/高级企业培训师 题库题量（题）	出题量（题）	权重（%）
培训教学组织	培训教学创新	—	—	35	—	—	30	34	7	25
培训教学管理	培训教学评估管理	45	8	25	30	6	20	20	5	15
	培训教学质量管理	40	7		30	6		20	4	
	培训教学绩效管理	40	7		30	5		20	4	
其他要求 培训咨询服务	培训师专业发展指导	—	—		45	9	10	60	13	15
合计		500	90	100	450	85	100	400	85	100

4.2 技能鉴定权重

城市轨道交通三级/初级企业培训师技能鉴定权重如表10所示。

表10 城市轨道交通三级/初级企业培训师技能鉴定维度和权重

一级维度	二级维度	三级/初级企业培训师
培训项目开发（20%）	培训需求调研	5%
	培训课程开发	15%
	培训资源开发	—
培训教学组织（75%）	培训教学准备	5%
	培训教学实施	70%
	实操教学辅助	—
培训教学管理（5%）	培训教学评估管理	5%
	培训教学质量管理	
	培训教学绩效管理	—

城市轨道交通二级/中级企业培训师技能鉴定权重如表11所示。

表11 城市轨道交通二级/中级企业培训师技能鉴定维度和权重

一级维度	二级维度	二级/中级企业培训师
培训项目开发(25%)	培训需求分析	5%

续上表

一级维度	二级维度	二级/中级企业培训师
培训项目开发（25%）	培训课程开发	20%
	培训资源开发	—
	建设实操项目	—
培训教学组织（70%）	教学资源配置	5%
	培训教学实施	65%
	实操教学指导	—
培训教学管理（5%）	培训教学评估管理	5%
	培训教学质量管理	
	培训教学绩效管理	—
培训咨询服务	培训师专业发展指导	

城市轨道交通一级/高级企业培训师技能鉴定权重如表12所示。

表12 城市轨道交通一级/高级企业培训师技能鉴定维度和权重

一级维度	二级维度	一级/高级企业培训师
培训项目开发（35%）	培训需求预测	10%
	培训课程开发	25%
	培训资源开发	
	建设实操项目	—

续上表

一级维度	二级维度	一级/高级企业培训师
培训教学组织（55%）	培训教学规划	—
	培训教学创新	55%
	实操教学设计	
培训教学管理（10%）	培训教学评估管理	10%
	培训教学质量管理	
	培训教学绩效管理	—
培训咨询服务	培训师专业发展指导	—

4.3 综合评审权重

城市轨道交通二级/中级企业培训师和一级/高级企业培训师综合评审权重如表13所示。

表13 城市轨道交通二级/中级企业培训师和一级/高级企业培训师综合评审权重

序号	评审项目		二级/中级企业培训师权重	一级/高级企业培训师权重
1	带教	师徒制	40%	30%
		讲师带教		
2	项目	实操项目	60%	50%
		培训项目		
3	创新	培训创新	—	20%

III

续上表

序号	考审项目	二级/中级医师培训师权重	一级/高级医师培训师权重
4	加分	获奖加分	—	—
		培训资源开发加分	—	—